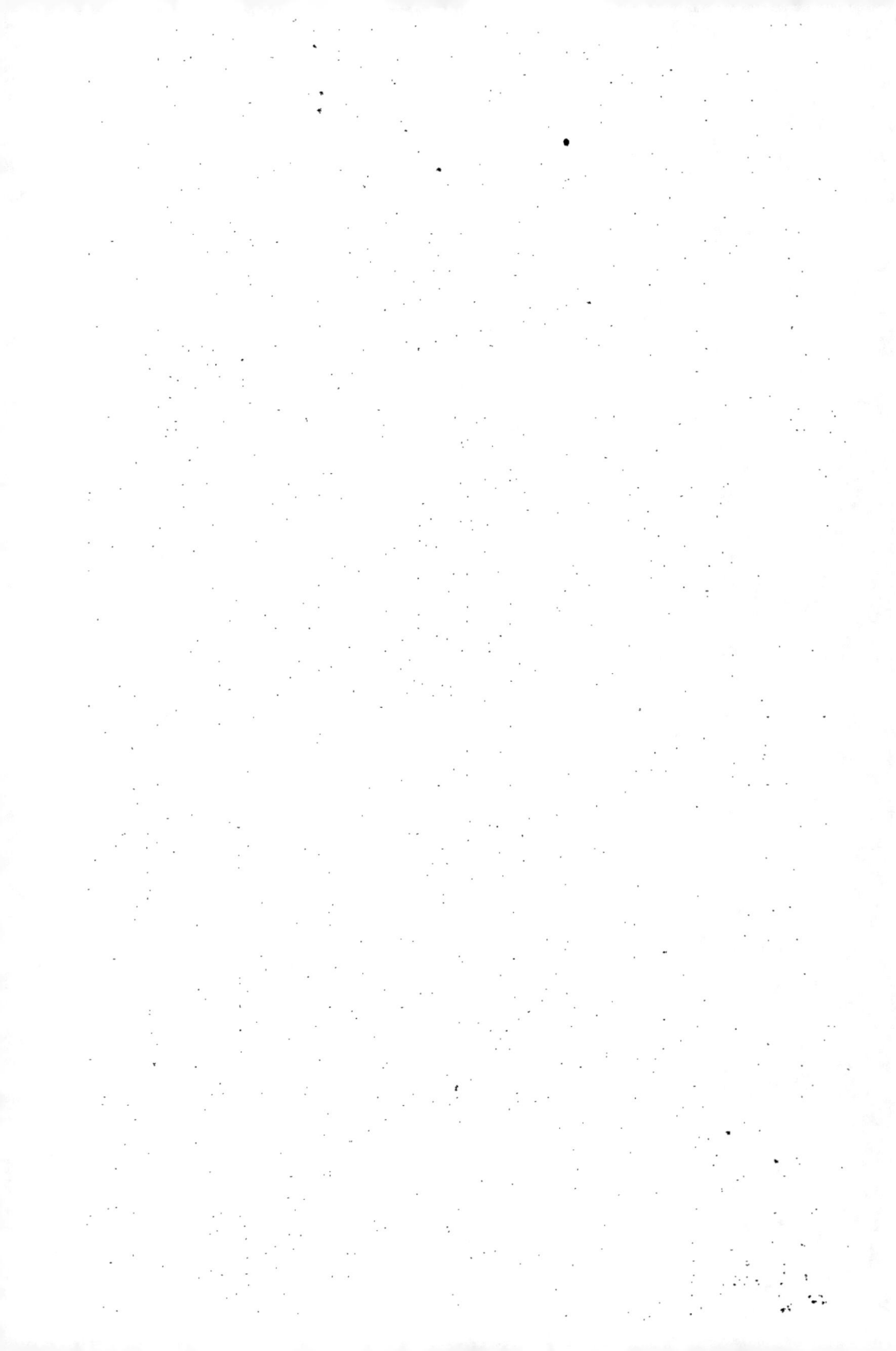

AMADIS

LE CADET.

PARODIE

D'AMADIS DE GRECE.

*Représentée pour la première fois par les
Comédiens Italiens ordinaires du Roy,
le 24. Mars 1724.*

ACTEURS.

AMADIS d'abord en Rédingote, Guêtres & Chapeau de toile cirée, ensuite en Chevalier errant, ARLEQUIN.

LE PRINCE de Thrace d'abord en Chemise, Culote & Bonnet-de-nuit, & ensuite en Chevalier errant. TRIVELIN.

NIQUETTE en Princesse.

MELISSE Magicienne.

ZIRPHE'E.

Un GEANT Procureur.

Un HUISSIER.

GARCONS & FILLES du lendemain de noces.

Un VIELEUX avec sa Viele.

Premier GARCON du lendemain.

Un CHEVALIER enchanté.

PRINCES & PRINCESSES enchantées de differentes nations.

A M A D I S

L E C A D E T.

SCENE PREMIERE.

Le Théatre repréſente une nuit dans un Jardin.

AMADIS *le Cadet*, *en guêtres & en rédingote.* **LE PRINCE** *de Thrace en culotte & chemiſe, & bonnet de nuit.*

AMADIS. Air 71. *Dupont mon ami.*

Rince *, mon ami,
Qui regnez en Thrace,
Votre air endormi
N'eſt pas fort en place ;
C'eſt trop ici s'arrêter,

* *Le Prince bâille.*

Allons-nous-en fans compter.

LE PRINCE.

Eh! qui diable, Seigneur Amadis, vous met la puce à l'oreille dès une heure après minuit, & vous amene à tatons dans ce jardin ? y venez-vous chercher une fluxion de poitrine?

AMADIS *riant*.

Non parbleu.

LE PRINCE.

Vous fortez furtivement d'un Château où l'on vous traite à bouche que veux-tu, fans vous demander un fol, comme un Gafcon fortiroit d'une Auberge après trois mois de crédit.

AMADIS.

Oh mon ami, c'eft que j'ai hâte, j'ai hâte; mon grand ami, j'ai grande hâte.

LE PRINCE.

Auffi m'a-t'on fort preffé quand on m'a appellé de votre part ; j'ai laiffé mon juftaucorps pour les gages dans la chambre d'une foubrette de Méliffe, avec qui je faifois la belle converfation, à peine ai-je eû le tems de prendre ma culotte.

AMADIS.

Allons mon ami décampons . . .

LE PRINCE.

Où diable aller ? la nuit eſt ſi ſombre que je ne vous aperçois pas vous-même.

AMADIS.

Allons . . .

LE PRINCE.

Oui, allons nous caſſer le nez contre quelque Maronier d'Inde . . . ſongez qu'il n'eſt pas trop galand de quitter Meliſſe, ſans du moins payer votre gîte d'un tendre compliment . . . . .

AMADIS.

Ne me parle pas de l'amour de Meliſſe . . . Helas quand j'ai paſſé par ſon maudit Château, j'allois . . .

LE PRINCE.

Eh bien oui, vous alliez tenter l'avanture de la gloire de Niquette, & peut-être vous rôtir à ſon Perron enflamé. Meliſſe vous a retenu dans un riche appartement où l'on vous a prodigué, les Chapons, * les Perdrix, les Ortolans,

* Amadis fait le lazi de ſe pâmer.

les Coqs d'Inde & le Fromage de Milan...

A M A D I S.

Tais-toi donc mon ami, tu me fais avaler un doux poison; vîte à l'Orvietan, guérissons-nous en regardant le portrait de ma Niquette.

L E P R I N C E.*

Ce n'est pas là tirer de sa poche le portait de sa Maîtresse à propos de rien.

A M A D I S.

Tiens vois.

Air 12. *Quand le péril est agreable.*
Niquette n'a pas le teint jaune:
C'est un tendron frais & poli!
Connois-tu rien de plus joli?

L E P R I N C E à part.

Je sçais ce qu'en vaut l'aulne.

A M A D I S. Air 15. *Robin Turelure.*
Considere bien l'objet,
De la peine que j'endure.....

* Dans l'Opera, Amadis montre le portrait de Niquette au Prince de Thrace pendant une nuit très-obscure.

LE PRINCE.

Eh comment voir ce portrait
Turlure,
Pendant cette nuit obscure?
Robin turlure lure lure.

AMADIS.

Il a ma foi raison : il me manque une lanterne. Mais partons, j'ai hâte...

LE PRINCE.

O ça puisque vous voulez absolument partir ; je vais faire mon paquet , au moins je ne vous quitte pas * sans vous rendre raison de mon départ.

Bas.

Allons avertir l'amoureuse Melisse de la banqueroute d'Amadis.

* Dans l'Opera le Prince de Thrace s'en va à propos de rien.

SCENE II.

AMADIS seul.

Air 70. *Dormez Roulette.*

SOis noire comme un four,
O nuit sois-moi propice . . .
Garde-toi bien amour
De reveiller Meliss^ . . .
        Dormez Roulette;
Et prenez votre repos;
Demain à la réveillette;
Vous aurez le cœur gros.

*La nuit se dissipe, une clarté magique
éclaire les Jardins, & une troupe rustique
envoyée par Melisse vient s'opposer au départ d'Amadis.*

Air 29. *Je ne suis né ni Roy ni Prince.*

Quel spectacle! qui vous appelle!
D'où vient qu'une beauté nouvelle
Eclate ici de toutes parts?

Quel jour à la nuit fait la nique ?
Ce font, je crois des Savoyards ,
Avec la Lanterne Magique . . .

SCENE III.

AMADIS, les GARÇONS & les FILLES du lendemain de nôces.

Ier. GARÇON.

DEs Savoyards ! pour qui nous pre-
nez-vous là ? apprenez que nous
commençons la cerémonie d'un lendemain de nôces , & que nous allons por-
ter le Broüet à la mariée . . .

AMADIS.
à part.

Le Broüet ! j'y voudrois bien tâter !

Ier. GARÇON.

Vous pouvez voir notre divertiffement fi vous n'avez rien qui vous preffe ,
nous vous regalerons de la bonne Viele
du pays.

AMADIS.

Tope.

I iiij

A part. Air 9. Sois complaisant.

Je suis pressé d'aller voir ma Niquette,
J'ai pour cela délogé sans trompette,
Mais,
Que je trouve une Musette,
Je ne partirai jamais.

SCENE IV.

AMADIS, MELISSE *arrive en des-*
habillé , & dit aux Acteurs du divertis-
sement qui se disposent à chanter.

REtirez-vous vous autres ; vous chan-
terez, & vous danserez quand cela
sera plus de saison. * à *Amadis*, je t'a-
vois envoyé ces Violons & ces Vieles
pour t'amuser pendant que je me coëf-
ferois ; mais j'ai réfléchi que tu pourrois
n'être pas assez enfant ** pour bague-
nauder avec des paysans , lorsque tu

* Ils se retirent.

** Amadis dans l'Opera après avoir témoigné
un grand empressement pour sortir du Château de
Melisse, s'amuse à voir danser sans y être con-
traint par le pouvoir magique.

t'échapes la nuit de chez moi, & je viens
te chercher sans mon panier & mes pon-
pons.

AMADIS à part.

C'est ma faute si j'essuie ses reproches,
il ne tenoit qu'a moi de m'en aller, &
cela auroit épargné bien de l'ennui au
public . . . . .

MELISSE. Air 3. *Ma Commere oui.*

Ingrat ! tu pars donc ainsi ?

AMADIS.

Vraiment ma Commere oui.

Mais c'est pour suivre la gloire . . . . .

MELISSE *ironiquement.*

Vraiment mon Compere voire ;
Vraiment mon Compere oui.

AMADIS.

En bonne verité, si la gloire ne me
tirailloit pas ,

Air 3. *Vraiment ma Commere.*

Je m'hebergerois ici.

MELISSE.

Vraiment mon compere oui ;
Je sçais ce que j'en dois croire ,
Vraiment mon compere voire ;

Vraiment mon compere, oui.

Morbleu, je ne fuis que trop inftruite
où le bas te bleſſe.

Air 86. *Quand on a prononcé ce malheu-*
reux oui.

L'image de Niquette a porté dans ton ame
Le malheureux braſier d'une amoureuſe flame ;
Son nom même, ſon nom, vient d'émouvoir ton
    cœur,
Et tu chantes tout bas en raillant mon ardeur.

Air 53.

Non, non, il n'eſt point de ſi joli nom
    Que celui de ma Niquette !
Non, non il n'eſt point de ſi joli nom.

AMADIS.

Ma foi vous avez raiſon.

Air 34. *Dirai-je.*

Pourquoi voulez vous m'engager
Quand je ſuis ſous les loix d'un autre ?
Un cœur capable de changer
Ne ſeroit pas digne du vôtre.
Vous contenteriés-vous vraiment,
D'avoir les reſtes d'un Amant ?

MELISSE. Air 27. *Je ne ſçaurois.*

En vain ma ſorcellerie,
Raſſembloit ici les jeux ;
Pour toi dans ma compagnie

Tout y devenoit affreux......

AMADIS.

Je ne sçaurois
Rester avec vous, ma mie,
J'en mourrois.

MELISSE. Air. 28.
Je serai mon devoir.

Je ne te retiens plus, cours donc
Chercher ton Alison....*bis.*
Mais, sur la route, en verité,
Tu seras bien frotté ....*bis.*

AMADIS.

Oh! je suis fait à la fatigue.

MELISSE. Air. 8. *Tarare ponpon.*

Va braver les périls que le sort te prépare...
Cours, vôle à ta Princesse ou plûtôt au bâton...
Tu peux partir... barbare!
Quoi! sans émotion
Tu me quittes?......

AMADIS. *heroiquement.*

Tarare
Pompon.

MELISSE. *même* Air.

Suis donc cruel, suis donc une gloire fatale,
Va perir pour une autre ...& je vivrai pour toi.

AMADIS *faisant la reverence.*
Ringrazio à vo Signoria.

MELISSE. Air 39. *A la façon de barbari.*

Que sur toi* d'un monstre félon
La rage se signale ;
Tombe rôti, comme un Chapon,
Aux pieds de ma rivale......

AMADIS.

Voilà, ma chere, une oraison,
La faridondaine, la faridondon
Qui part d'un cœur tout attendri biribi
A la façon de barbari.....mon ami.

MELISSE *très-touchée.* Air 225. *Les filles de Nanterre.*

Perfide, que j'adore,
Dans ce château charmant,
Daigne coucher encore
Une nuit seulement.......

AMADIS *à part.* Air 17. *On n'aime point dans nos Forêts.*

Partons, m'y voilà résolu,
Sans que Melisse m'embarasse ;
Ni même ce qu'est devenu,
Mon ami le Prince de Thrace ;
Le drôle me ratrapera,
A la dinée ....ou ne pourra...

* Les imprécations de Melisse dans l'Opera.

SCENE V.

MELISSE *soule.*

Air 226. *Lon lan la la Bouteille s'en va.*

ET lon lan la le cruel m'abandonne ;
Et lon lan la
Le cruel s'en va !

Air 69. *Lon la.*
Voilà le prix du deſtin ,
Que j'avois fait au coquin !
Pour cet egrefin,
Toûjours en feſtin ,
Rien n'eſtoit indigeſte...
Pour lui j'ai percé tout rion vin,
Je ne dis pas le reſte ,
Lon la
Je ne dis pas le reſte.

Mais il me le payera à beaux deniers
comptans , & ſes épaules pâtiront des
ſottiſes de ſon cœur....

SCENE VI.

Le Théatre change & représente le Perron enflâmé de la gloire de Niquette. Il est deffendu par des Huissiers, des Archers & des Procureurs.

UN NAIN & SCARAMOUCHE
en Geant Procureur.

LE GEANT. *Air* 13. *Prenez bien garde à votre cotillon.*

ARchers, Sergens & Procureurs ;
Monstres choisis pour deffenseurs
De Niquette & de sa prison,
Mes amis, prenez bien garde
A son beau cotillon ...   *bis*

CHŒUR *des Archers, &c.*
Mes amis prenons bien garde
A son beau cotillon ...   *bis*

LE GEANT.

Il y a par le monde un certain quidan qui veut, dit-on, revendiquer la gentille Niquette, & la retirer de notre Greffe où nous l'avons déposée avec une liasse de Princesses enchantées que nous avons toutes paraphées, *ne varietur.*

CHOEUR.

Mes amis prenez bien garde
A son beau cotillon. *bis.*

SCENE VII.

Les mêmes Acteurs, un Huissier.

L'HUISSIER *essouflé.* Air 37.

Aux armes, Camarades;
Amadis n'est pas loin,
Tôt la plume en main :
Aux Armes camarades;
Ayons tous notre cornet plein.

LE GEANT.

C'est bien dit, Monsieur l'Huissier ;
si Amadis nous bat, nous verbaliserons,
c'est la pratique & la coutume. Rangeons-
nous en bon ordre auprès du Perron, &
ne branlons pas que nous n'ayons reçû au-
moins chacun cent coups de canne ; il faut
toujours mettre les gens dans leur tort. *

* Ils se rangent tous en haye devant le Perron
enflamé, & le Geant se met hors de la ligne en
tête.

SCENE VIII.

AMADIS & le PRINCE DE THRACE *armés en Chevaliers errans.*

LE PRINCE DE THRACE *considerant le Perron tandis qu' Amadis reve.*

QUel spectacle ! des Archers, des Sergens, des Procureurs & un grand feu ! apparemment voilà les enfers?

AMADIS *se retournant.*

Quoi, je trouve encore un Geant ! ils ne finissent pas.

LE PRINCE.

Oui vous voiez un Procureur qui ne feroit qu'une bouchée du patrimoine de vingt Familles.

AMADIS. *Air 29. Je ne suis né ni Roy.*

N'importe ; je vais le combatre
Je vais faire le diable à quatre ;
Lorsque Géants je mets à bas,
Et lorsque cent monstres j'immole ;
Mon ami, je ne prétens pas
En être cru sur ma parole.

Je

Je vais mettre la main à la pâte. Au moins ne t'en mesle pas.

LE PRINCE *à part.*

Oh ! je n'ai garde !

Amadis combat le Geant & sa suite & les met en suite, pendant ce temps-là le Prince de Thrace a les bras croisés, & s'est assis à terre.

AMADIS, *regardant le Prince à terre.*

Prenez garde de vous fatiguer.

LE PRINCE. Air 65. *Amis sans regretter Paris.*

Nous ne serons pas accusez
De rogner votre gloire ;
J'ai toûjours eû les bras croisez
Pendant votre Victoire.

AMADIS.

Vous êtes un Prince bien obéissant. Mais achevons notre tâche.

Air 29. *Je ne suis né ni Roy ni Prince.*

Ces feux excitent mon courage,
C'est dans le projet qui m'engage
Le dernier peril à tenter.
Alors je verrai dans sa niche

La beauté qui m'a sçû dompter........

Appercevant l'inscription.

Mais lisons d'abord cette affiche.

Il lit. Air 57. *La bonne aventure ô gué.*

Qui n'est pas bien amoureux
Craigne la brûlure,
L'amant le plus généreux
Peut seul passer dans ces feux.

❦

Sautant après avoir lû.

La bonne aventure ô gué
La bonne aventure !

LE PRINCE *à part.*

La chaude aventure ô gué !
La chaude aventure !

AMADIS. Air 8. *Tarrare ponpon.*

Cher Prince, sois heureux autant que je vais
l'être.

LE PRINCE *à part.*

Il va être grillé.

'AMADIS. Air 40. *Ah ! Robin tais-toi.*

Puisse-tu sans nul Bissêtre
Voir combler tous tes desirs ;
Ce n'est plus que par tes plaisirs
Que les miens pourront s'accroitre......

Mon cher Prince, voi * ....

LE PRINCE.

Tout beau, connois moi,
Oui, connois un traître
Plus tendre que toi.

AMADIS.

Hem ?

LE PRINCE. Air 44. *Reveillez-vous.*

Ce bras s'oppofe à ton audace.....

AMADIS.

Quel fou pommé ! Ciel ! j'en fremi...

LE PRINCE.

Combats dans le Prince de Thrace
Ton Rival & ton ennemi.

AMADIS. *Même* Air.

Conte-moi donc quelle furie
Peut contre moi te tranfporter ? ...

LE PRINCE.

Lorfque je veux t'ôter la vie,
C'eft bien le tems de jaboter !

Allons l'épée à la main , mon épée
feule doit te dire ce que je penfe.

AMADIS.

Il me fait pitié ! va, perfide ....

* Il veut paffer le Perron, & eft arrêté par le
Prince.

K ij

Air 65. *Amis fans regretter Paris.*

Je ne punirai ton amour,
Et ton deffein féroce,
Qu'en te forçant d'être en ce jour
Un garçon de ma nôce. *

LE PRINCE *fe préfentant à Peron*
a près qu'Amadis eft pa .

Air 42. *Tu croïois en aimant Collette.*

Il m'échape, il brave ma rage...
Allons à travers de ces feux....
** Mais qui m'en défend le paffage.....
Foin, l'on a grillé mes cheveux.
M'en voilà pour une Perruque.

Même Air.

Je n'entreprens rien qui finiffe....
Une feconde fois *** allons
Rendre une vifite a Méliffe,
Je fuis toûjours fur fes talons.

* Amadis paffe à travers des feux du Perron enflamé.

** Un Lutin le repouffe, & met le feu à fa Perruque.

*** Le Prince de Thrace dit toûjours dans l'Opera qu'il va trouver Meliffe.

SCENE IX.

'Le Perron enflâmé se brise au bruit du Tonnere on voit Niquette dans sa gloire, elle descend de son Thrône tenant Amadis par la main au milieu des Chevaliers, Princes & Princesses enchantées.

NIQUETTE Air 241. *Ha voilà la vie.*

MEs sens sont interdits
Et je ne sçai que croire.
Vois-je cet Amadis,
Si cheri de la gloire ?

Air 241. *Ah voilà la vie.*

Oui voilà le drôle, le drôle, le drôle !
Oui voilà le drôle
Que nous demandions.

CHOEUR *des Princesses, &c.*

Ah ! voilà le drôle, le drôle, le drôle !
Ah ! voilà le drôle
Que nous demandions !

AMADIS à *Niquette.* Air 22. *Mon Mari est à la Taverne.*

Que d'attraits ! quelle gloire extrême !

Que mon cœur goûte un fort charmant !
Je demeure enchanté moi-même
Quand je romps votre enchantement,
Tout mon cœur n'y sçauroit suffire,
Ta la lerita la lerita la lerire,
Ta la lerita la lerita la lerire.

N I Q U E T T E. Air 1. *Et zon, zon, zon,*
Lisette ma Lisette.

Montrons ma vive ardeur.....
Mais quel souci me ronge...
Etes-vous ce vainqueur,...
Et n'est-ce point un songe ?

A M A D I S.

Et non, non, non
Ce n'est pas un mensonge...
Et zon, zon, zon
Dissipez ce soupçon.

Examinez-moi bien ; interrogez-moi
sur faits & articles...

N I Q U E T T E. Air 195. *De son lan la.*

Oh ! sans interrogatoire
Je vous tiens pour ce vainqueur,
Et tout m'engage à le croire,
Vos exploits, mes yeux, mon cœur...

A M A D I S *la caressant.*

Et mon lanla landerirette,

Et mon lan la landerira.

NIQUETTE *après l'avoir careßé.*

Air 41. *Je sens un certain je ne sçai quoi.*

Mais où m'emporte en bonne foi
Un excès de tendreße !
Non, vous sçavez trop ma foïoleße...

AMADIS.

Oh ! je ne suis pas foible moi.

à deux.

Je sens un certain je ne sçai qu'eſt-ce ;
Je sens un certain je ne sçai quoi.

UN CHEVALIER *enchanté.*

Air 98. *Lampon.*

Chantons tous ce beau tendron,
Qui nous tire de prison,
Chantons aussi sa conquête,
Dans une galante fête.
Chantons, dansons, camarades dansons.

Chœur.

Chantons dansons, camarades dansons.

NIQUETTE.

Je crois que nous ferions plus sage-
ment de demenager sans bruit, que de
nous amuser à danser des sarabandes, &
chanter des brunettes dans un tems où

la cruelle Meliſſe peut nous ſurpren-
dre.

     A M A D I S. Air 12. *Quand le peril eſt,*
      Reſtons : je vous en fais excuſe . . .
         N I Q U E T T E.
     Riſquerez-vous d'être arrêté
     Pour quelque petit air fluté ?
         A M A D I S.
     Oh ! dame * un rien m'amuſe . . .

Un nuage qui s'avance ſur le Théatre
s'ouvre & fait voir Meliſſe ſur un dragon.

     * Amadis dans l'Opera n'a pas toûjours l'eſ-
prit préſent pour ſaiſir les occaſions favorables à
ſes deſſeins.

SCENE X.

LES ENCHANTE'S, AMADIS ; NIQUETTE.

UN CHEVALIER. Air 4. *Voici les Dragons qui viennent.*

Voici les Dragons qui viennent
Amis sauvons-nous ;
Cherchons vite une cachette …

Les Enchantés rentrent tous dans la gloire de Niquette qui se renferme sur eux.

AMADIS.

Ah ! que j'ai peur ma Niquette …

NIQUETTE.

Et moi itou , & moi itou.

MELISSE *sur son Dragon.* Air 5. *Les Trembleurs d'Isis.*

Tremble, Amadis, tremble, tremble,
Crains tous les malheurs ensemble ,
Le Diable ici nous rassemble ;
Rendés-vous pour toi fatal !
Tu vois bien ce qui m'amene.
Vous, Démons, servés ma haine ;

Et transportés sa Clinienc
Où l'attend son beau rival.

*Des Démons enlevent Niquette, & Amadis
la suit en pleurant.*

Signalons-nous par un tapage,
Brisons les meubles, faisons rage,
Car mon rolle est un peu brutal. +

*Melisse casse quelques meubles & s'en
va.*

+ Dans l'Opera Melisse est toûjours furieuse, &
ne dit que des injures.

SCENE XI.

Le Théatre represente une plaine coupée de quelques ruisseaux, & au milieu la Fontaine de la Vérité d'Amour ornée de Colonnes & de Statües.

AMADIS. Air :33. *Nicolas va voir Jeanne.*

MEs recherches sont vaines,
Je traverse au hazard
Les Forêts & les plaines,
Je n'ai trouvé qu'un Canard.....
Vous perdez vos pas, Amadis,
Et gâtez vos beaux habits.

Mais que vois-je ! c'est la Fontaine de la Vérité d'Amour ! ses eaux instrui-sent les Amans de leur destin : voïons un peu ce qu'elles me diront au sujet de ma Belle.

Air 67. *Adieu panier.*
Il regarde dans la Fontaine.
Que vois-je ! on cajole Niquette....

L ij

C'eſt mon rival à ſes genoux......
Tous deux ſemblent contens... tout doux;
Se retirant de la Fontaine avec tranſport.
Adieu panier vendanges ſont faites.

Il ſe jette ſur un lit de gazon.

❧

SCENE XII.

AMADIS pâmé, MELISSE.

MELISSE. Air 86. *Quand on a prononcé.*

EH ! bien es-tu contente, inhumaine Meliſſe !
Cruelle aſſouvis-toi de ſon dernier ſupplice...,
Ciel! tout mourant qu'il eſt, qu'il m'inſpire d'a-
mour !
Ah ! s'il ſe portoit bien que ſerois-je en ce jour?

Amadis! Amadis!..., ſe peut-Il qu'un
Héros tombe dans un pareil évanouiſ-
ſement ? Amadis ! Amadis !.... quand ce
ſeroit une femme... Amadis! Amadis !...

Air 61. *Folies d'Eſpagne.*
Reconnoiſſez la voix qui vous appelle;
Vivez cher Prince.....,

AMADIS *entr'ouvrant les yeux.*

Ah ! laissez-moi mourir.

MELISSE.

Votre Princesse est ingrate, infidelle ;
Pour tel objet faut-il tant s'attendrir ?

Sur le chant du dernier vers.

Vivez, vivez.

AMADIS.

Non, laissez-moi mourir.

MELISSE. Air 44. *Reveillés-vous.*

Perdez cette cruelle envie,
Verrez vous sans pitié mes pleurs ?
Voulez vous m'arracher la vie ?
Hélas ! Si vous mourés, je meurs !

AMADIS *se leve sans penser à Melisse.*

Malheureux ! n'est-ce point quelque
tour de sorcellerie ? mes yeux l'ont ils
bien vû ?.... Jarnigoton ! ils ne l'ont
que trop vû... c'étoit ma perfide Niquette avec mon rival.....

Avec plus d'emportement. **Air 66.** *Vous
chiffonez mon.*

Il chiffonoit son falbala.....
Ah ! fripon que faisiez-vous là ?....

MELISSE *hauffant les épaules.*

Je fais ici une jolie figure moi pendant
toutes ces doleances là !

AMADIS.

Et je vis pendant que j'ai à mon côté
un Sabre de Dama, l'allons, mourons,
expédions cette petite affaire. . .*

MELISSE.

Tout beau, Amadis, tout beau.

AMADIS. Air 6. *Tout cela m'eft indifferent.*

Quoi vous donnez dans le paneau !
Si j'étois friand ** du Tombeau:
Vous m'aimez, vous êtes forciere,
J'éviterois vos foins preffans.
Lorfque telle envie eft fincere,
Par ma foi, l'on prend mieux fon temps.

MELISSE. *même* Air.

Confens à de nouveaux foupirs,
Mes foins previendront tes defirs;
J'en ferai mon bonheur fuprême,
Pourvû qu'à table auprès de toi,
Ingrat, tu me fouffres moi-même,
Tu feras traité comme un Roi.

* Il tire fon épée pour s'en fraper, Meliffe s'en
faifit.
** Amadis dans l'Opera veut fe tuer en préfen-
ce de Meliffe.

AMADIS *chante ironiquement.* Air 229.

Ĵ'endors le petit, mon fils,
Ĵ'endors le petit.

MELISSE.

Quoi toûjours charmé d'une ingrate!

AMADIS. Air 55. *Lon lan la derirette.*

Mais cette ingrate a des attraits; ... *bis.*
Je l'aime autant que je vous hais.
Lon lan la derirette.

MELISSE.

Bon dieu! qu'Amadis est poli!
Lon lan la deriri.

AMADIS. Air 30. *J'ai fait à ma Maîtresse.*

Mes maux font votre ouvrage.
Je fens qu'à chaque inftant
Je vous hais davantage ......

MELISSE *à part.*

Que ce vers eft galand! .....
Tu contrains peu ta haine?
Après des mots fi doux,
Par ma foi, notre fcene
Doit finir par des coups.

Je n'appellerai pourtant pas encore les
Diables; il faut les épargner ici, on les fatigue affez à l'Opéra. *à part.* Je ne m'amufe-

rai pas à épouvanter ce petit inpertinent par des aparitions de Monstres, il faut lui montrer tout d'un coup ce que j'ai de plus noir dans mon Magazin magique. *Haut.* Viens, Amadis, viens dans mon Palais, tu y verras serieusement ta Niquette entre les bras de ton rival....

Air 63. *Petit Boudrillon.*

Leur cœur sans nul obstacle,
Suit là sa passion, Boudrillon.

AMADIS *pleurant.*

Voyez le beau spectacle,
Que m'offre la guenon !

MELISSE *le poussant.*

Boudrillon;
Marchez Boudrillon, Boudrillon don daine;
Marchez Boudrillon, Boudrillon don don.

SCENE XIII.

Le Théatre change, & représente une belle Campagne.

LE PRINCE de Thrace paroissant Amadis aux yeux seulement de Niquette.

JE parois Amadis aux yeux de la Princesse ;
La pauvre enfant me jure une fidelle ardeur ;
Mais c'est à mon rival que son serment s'adresse ;
Et je trompe ses yeux sans séduire son cœur :
C'est un tour de Melisse, & cette enchanteresse ;
Me procure un bonheur dont je suis peu charmé !
Ah ! plus Niquette me caresse,
Plus je connois qu'Amadis est aimé !

Elle vient, helas ! elle va encore me faire enrager en me disant des douceurs.

SCENE XIV.

LE PRINCE de *Thrace*, NIQUETTE.

NIQUETTE.

EH! à qui en avez-vous mon cher
Amadis ? tout nous favorise dans ce
séjour charmant ; Melisse est convertie,
elle nous permet de nous marier, & qui
plus est de nous aimer.

Air 21. *Morguene de vous.*

Nos tendres désirs.....
Mais non., je m'abuse...
Tout sert nos plaisirs,
Votre cœur s'y refuse !
Morguene de vous,
Quel homme ! quel homme !
Morguene de vous,
Quel homme êtes-vous ?

LE PRINCE *paroissant Amadis.*

Ohimé !

NIQUETTE. Air 106. *Eſt-ce ainſi qu'on prend les belles.*

Que je vous dois de reproches ! *
Pourquoi cet air interdit ?
Quoi vos mains ſont dans vos poches !
Et rien ne vous dégourdit ?
Eſt-ce ainſi qu'on prend les belles ?
Lon lan la, au gué lan la.

LE PRINCE paroiſſant Amadis.

Air 68. *De mon Pot je vous en répond.*

Si j'étois moins amoureux,
Je ſerois plus heureux.....
Mon trouble eſt l'effet de ma flame :
Ne creuſez point ceci, Madame,
De mon cœur je vous en répond,
De mon minois, non, non.

NIQUETTE. Air 2. *Y avance.*

Eſt-ce ainſi qu'on doit s'enflamer ?
Moi j'aime autant qu'on peut aimer ;
Pour vous, vous craignez ma préſence ;
Y avance, y avance, y avance,
Rougiſſez de votre indolence.

LE PRINCE paroiſſant Amadis embaraſſé.

Mais......

* Le Prince met la main dans ſes poches comme y foüillant d'un air embaraſſé : elle le ca....le.

NIQUETTE. Air 20. *Ne m'entendez-vous pas.*

> Nous sommes seuls, hélas !
> Et vous faites la mine :
> Qui diantre vous chagrine ?
> Nous sommes seuls, hélas . . . .
> Ne m'entendez-vous pas ?

LE PRINCE *paroissant Amadis.*

Aouf !

NIQUETTE. Air 61. *De quoi vous plaignez-vous.*

> De quoi vous plaignez-vous,
> Amadis, quand on vous aime ?
> De quoi vous plaignez-vous,
> Quand on n'aime que vous ?

LE PRINCE *paroissant Amadis.*

Air 73. *Ton relon ton ton.*

> La gloire seule avec moi vous entraine ;
> Savourez bien cette distinction :
> Vous rendez-vous à l'amour qui m'enchaîne ?
> Non d'Amadis vous cedez au grand nom.

NIQUETTE *haussant les épaules.*

> Ton relon ton ton, ton taine, la tontaine,
> Ton relon ton ton, ton taine, la ton ton.

LE PRINCE *paroissant Amadis ; à part.*

Elle a raison de hausser les épaules ;

voilà toute la réponse que méritent mes
pueriles délicatesses. Il faut convenir que
je suis un fort plat personnage avec mes
scrupules !

Air 33. *Flon flon.*

De l'erreur de ma belle,
Je n'ose profiter ;
Je suis seul avec elle,
Et je n'ose chanter,
Et flon flon, &c.

NIQUETTE.

A quoi rêvez-vous mon cher Ama-
dis ? je ne vous cause que des distractions :
venez vous égayer.

Air 10. *De la Serrure.*

Melisse qui sçait son negoce
Fort près d'ici fort à propos,
A préparé pour notre nôce,
Une fête de Matelots.

LE PRINCE *paroissant Amadis.*

Une fête de Matelots pour une nôce !
Il auroit été plus convenable de rassem-
bler une troupe de Traiteurs !

à part.

Allons voir cette judicieuse fête Ma-
rine, j'y trouverai peut-être Amadis, car

il aime à baliverner ; si je le rencontre ,
il faudra lui demander fierement un
tête-à-tête.... mais , ne ferois-je pas
mieux de faire valoir celui que j'ai
actuellement avec Niquette ?

Air 52. *Pardi j'étois en belle humeur.*

Elle me croit Amadis ;
Si j'en manque les profits
Hélas ! c'est bien ma faute !
La Princesse étoit en belle humeur.....
Mais ma flâme est si sotte
Lon la
Mais ma flâme est si sotte.

Sortons , sans dire Adieu. Allons rou-
gir quelque part de mon imbecilité.

SCENE XV.

NIQUETTE *seule.* Air 76. *Ah ! que
Romulus est charmant.*

AMadis est un vrai glaçon,
Son aspect donne le frisson !
Ah ! mon Dieu le pauvre garçon
Il est en létargie !

Amadis est un vrai glaçon,
Faut-il que je l'en prie ?

SCENE XVI.

NIQUETTE, MELISSE.

MELISSE, Air 86. *Quand on a prononcé*

QUai-je vû ? Dieux cruels !

NIQUETTE.

Dequoi dois-je vous plaindre ?

MELISSE.

Apprens tout mon micmac, je ne prétens plus
feindre :
Hélas ! j'en esperois un succés moins fatal ;
Sous les traits d'Amadis je t'offrois son rival....

NIQUETTE.

Que je viens de l'échaper belle !

MELISSE.

Vous ne devez plus craindre de mé-
prise sur cet article-là ; Amadis vient
d'occire le Prince de Thrace,

Air 59. *Helas s'il n'étoit pas mort.*
J'ai vû terminer son sort

Par une Olinde choisie :
Hélas ! s'il n'étoit pas mort !
Il seroit encore en vie.

NIQUETTE.

Qu'est devenu Amadis?

MELISSE.

Vous l'allez voir enchaîné & avec les Menotes.

NIQUETTE.

Avec les menotes ! un Héros de cette importance avec les menotes !

MELISSE.

C'est pour rendre la scene plus touchante.

NIQUETTE.

Ah ! si ma tante Zirphée aimoit un peu sa niece , elle viendroit à notre secours !

MELISSE.

Les chagrins d'une jeune niece n'affligent gueres une tante qui prétend à la beauté. Hola diables mes domestiques amenez mon prisonier.

SCENE

SCENE XVII.

NIQUETTE, MELISSE, AMADIS *enchaîné.*

NIQUETTE.

AH ! mon cher Amadis , où vous
mene-t'on ?

AMADIS *pleurant.*

Que sçai-je ? peut-être aux Galeres ; *
j'en ai déja la petite oye.

NIQUETTE.

Tachons d'amadoüer la fureur de
Melisse.

NIQUETTE & AMADIS, *ensemble*
sur l'Air 36. Belle brune.

Belle brune , belle brune ,
Ne lancés que sur mon cœur
Les traits de votre rancune.
Belle brune , belle brune.

* Montrant ses chaînes.

238 **AMADIS**

MELISSE *levant le bras & son poi-*
gnard sur Amadis.

Barbare! c'est par toi que je veux
commencer.....

NIQUETTE *s'évanouit.*

Ah! Ciel!

MELISSE.

Bon , voilà Mademoiselle Niquette
qui s'évanoüit à son tour.

Air 18. *O reguingué ô lon lan la.*

Ma foi sans les enchantemens,
Sans les évanouissemens ,
O reguingué ô lon lan la,
Notre Roman n'eut duré guere ,
Tous trois nous n'aurions sçû que faire.

AMADIS. Air 50. *Du mirliton.*

Est-ce à nous qu'il faut s'en prendre
Du nœud qui nous a serré?
Quand l'Amour lie un cœur tendre
Dispose-t'il à son gré * de... de...de.. son.

Ah! je tombe à vos pieds....

MELISSE *le repoussant.*

Que le Diable te ramasse.

* Fondant en larmes.

AMADIS *se relevant & s'appuïant contre une décoration.*

A la fin je mourrai serieusement.

MELISSE *évoque les manes du Prince de Thrace. La simphonie joüe l'Air de* Pierre Bagnolet *pour Ritournelle des paroles qui suivent sur le même Air* 15. Pierre Bagnolet.

Prince de Thrace, à ma priere,
Ressuscite & viens m'appuïer ;
Quoique tu sois peu necessaire
Pour assommer un prisonnier...
Je veux crier
Je veux crier
Prince de Thrace, à ma priere,
Ressuscite & viens m'appuïer.

M ij

SCENE XVII.

LES ACTEURS precedens, L'OMBRE du Prince de Thrace.

L'OMBRE. Air 15. Pierre Bagnolet.

EN mauvais rolles tu m'épuise ;
Je viens pour punír ton transport
Des Amans que tu tiranises
T'annoncer enfin l'heureux sort . . . ?
Vivant & mort
Vivant & mort ,
Tu me fais faire des sottises
Dont tu souffres toujours le tort.

Il disparoît.

SCENE XVIII.

MELISSE, AMADIS enchaîné, NIQUETTE.

MELISSE.

VA-t'en à tous les Diables , maudit trepaffé ... qu'ai-je affaire de toi pour me vanger ? n'ai-je pas un poignard à la main & cette main ne vaut-elle pas mieux que celle d'un défunt ?

NIQUETTE.

Ah ! ma chere tante Zirphée où êtes vous ? vous avez bien la mine de nous apporter de la Moutarde après diner !

MELISSE *veut frapper Niquette , elle avance à chaque vers qu'elle chante, & recule avec furprife toutes les trois fois qu'elle dit oh ! oh ! toure louribo.*

Air 51.

Allons tôt, que ma rivale expire...

Oh ! oh ! toure louribo !

Quoi contre moi tout confpire ! ...

Oh ! oh ! toure louribo !

Quand j'avance on me retire ....

Oh ! oh ! oh ! toure louribo !

Air 86. *Quand on a prononcé ce.*

C'en eſt fait, Amadis, ta flâme eſt triomphante

Ton ennemie expire ou plûtôt ton amante.

Frappons.... * mais non, gardons-nous
bien de nous percer ſi legerement.

Air 94. *Mariés, mariés, mariés-moi.*

La raiſon vient me ſaiſir

Et guerit mon noir caprice,

Pour n'arracher qu'un ſoupir

Faut-il donc que je pétiſſe ?

Mariés, mariés, mariés - vous,

Ce ſera votre ſupplice ;

Mariés, mariés, mariés-vous

Vous ſervirez mon courroux.

A T R O I S.

*Meliſſe repete les quatre derniers vers Mariés
&c. pendant qu'Amadis & Niquette
chantent enſemble les ſuivans.*

Marions, marions, marions nous

Oh ! quel aimable ſupplice !

Marions, marions, marions nous

Et beniſſons ſon courroux.

* Elle veut ſe percer & ſe retient.

SCENE XIX.

AMADIS *déchaîné par Melisse*, NIQUETTE, ZIRPHÉE *à pied*.

NIQUETTE.

QUe vois-je ? c'est enfin ma tante Zirphée ! on voit bien qu'elle est venuë à pied à notre secours, car si elle avoit été portée sur un nuage, elle au-roit fait plus de diligence.

Air 36. *Belle Brune.*

Ah ! ma tante ! ah ! ma tante !
Quand votre niéce pâtit ,
Votre assistance est bien lente.

AMADIS & NIQUETTE.

Ah ! ma tante ! ah ! ma tante !

ZIRPHÉE. Air 1. *Zon , zon , zon ,*

Tous vos maux sont finis ,
Cessez de vous en plaindre ,
Epousez Amadis ,
Il n'a plus rien à craindre.

AMADIS & NIQUETTE *se caressant.*

Et zon, zon, zon,

Cessons de nous contraindre ;

Et zon , zon , zon ,

Supprimons la façon.

NIQUETTE. Air 36. *Belle Brune.*

Car ma tante , car ma tante ,

Comme tante d'Opera ,

Est une tante obligeante . . .

AMADIS *se jettant au col de Zirphée.*

Ah ! ma tante ! ah ! ma tante !

ZIRPHE'E.

Mais mon neveu vous m'étouffez.

NIQUETTE

Au moins mon petit mari , je ne
me suis point émancipée avec votre rival pendant que Melisse lui avoit donné
votre ressemblance.

AMADIS.

Il faut bien vous en croire.

MELISSE *à Zirphée.*

Ma compagne Zirphée , soïez la bien
venuë : je ne tracasserai plus votre niece
& son amant.

ZIRPHE'E.

Vous ferez bien , car je sçaurois vous
ranger à la raison.

MELISSE

MELISSE *à part.*

Perfectionnons ma vengeance & don-
nons à ces futurs une fête qui les dé-
goûte du mariage ... *haut.* Oça, mes
enfans pour marque d'une parfaite re-
conciliation, je veux vous donner cette
fête d'un lendemain de nôces, dont je
prétendois tantôt régaler Amadis lorf-
qu'il eft forti de chez moi fi malhon-
nêtement ; ce divertiffement fera ici
moins déplacé. Allons tôt, garçons &
filles du lendemain de nôces, paroiffés.

SCENE XX.

NIQUETTE, ZIRPHE'E,
MELISSE, AMADIS,
GARCONS & FILLES *du
lendemain de nôces.*

UNE FILLE. Air 187.

DAns le menage
Que l'on fe fait en peu de temps !
Le lendemain du Mariage
Il femble que déja l'on ait paffé cent ans,
Dans le menage.

A M A D I S

Un Garçon. Air 188.

On fautille, on fretille ainſi qu'un Carpillon
    Le jour qu'on ſe marie.
Quelle légereté ! le Menuet ennuie...
    On veut la Chaſſe, on veut le Cotillon.
    O Métamorphoſe étonnante !
O pouvoir de l'Himen ! ſouvent le lendemain
    L'Epoux qui faiſoit le badin
Veut à peine danſer une grave courante.

✖

On danſe.

✖

VAUDEVILLE. Air 189.

✖

Bien ſouvent l'Himen le plus doux
N'a de bon que le fruit précoce,
Gardez-vous bien, novice époux
D'en juger le jour de la nôce ;
Attendez au lendemain
Tre lin tin tin tin tin.

✖

Ne ſuivez pas l'illuſion
Du fade Roman qui lanterne,
Profitez de l'occaſion,
Un Amant eſt ſeur de la berne
S'il attend au lendemain

Tre lin tin tin.

❡

L'Himen furfait à nos defirs ,
Il ne tient pas ce qu'il avance ;
On s'attend à de grands plaifirs,
Ils font plus petits qu'on ne penfe.
Quel rabais le lendemain !
Tre lin tintin.

❡

Cabaret, tu fçais m'enchanter,
Tu ferois mes feules retraites,
Si l'on pouvoit fans rien compter
Chanter en fortant des guinguettes;
Attendez au lendemain,
Tre lin tin tin.

❡

L'Himen a des fruits aigres doux
Qui viennent plûtôt qu'on ne penfe ;
Tel aujourd'hui fe fait époux,
Qu'on fait contre fon efperance
Pere dès le lendemain,
Tre lin tin tin.

❡

Au Public.

❡

Meffieurs, gardez-nous le fecret,

N ij

A M A D I S

Si vous condamnez notre piece !
Chut. Que le Public soit discret ;
Et si quelque desir * le presse,
Qu'il attende au lendemain.....?
Tre lin tin tin.

* L'azi de siffler,

F I N.

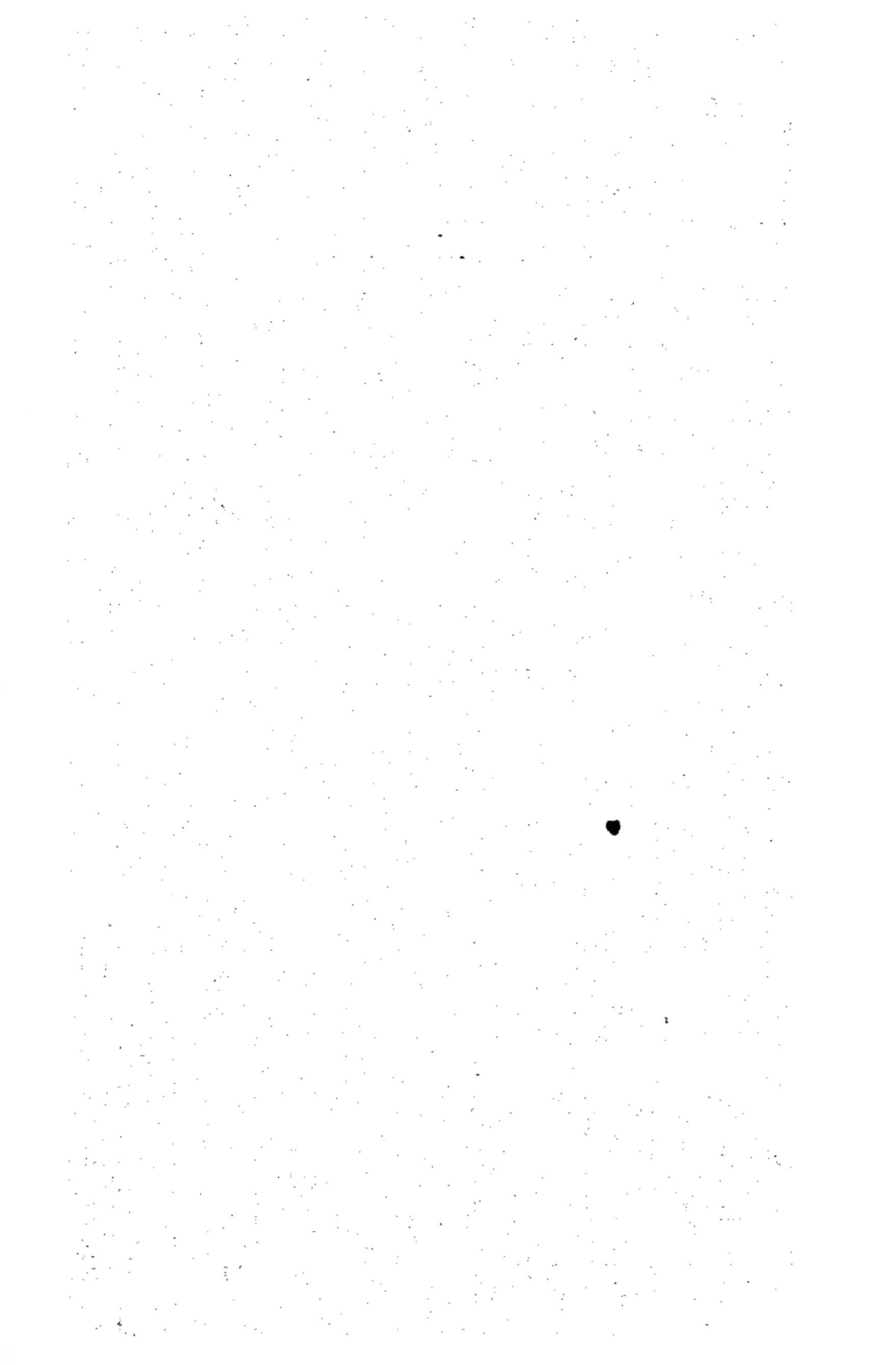

www.ingramcontent.com/pod-product-compliance
Lightning Source LLC
LaVergne TN
LVHW022154080426

835511LV00008B/1394